Mars 1910

Félix-Bouvier

Les lecteurs de L'Écho apprendront avec un profond sentiment de regret la mort de notre précieux collaborateur et ami Félix-Bouvier, frappé à l'âge de 57 ans, en pleine santé, en plein travail, alors qu'il écrivait cette chronique dont nous publions ci-après les premières pages.

Est-ce faire de lui un éloge suffisant que de dire qu'il fut un historien, au sens le plus rigoureux du mot? Cette conscience, cette probité qu'il apportait à l'étude du passé, Félix-Bouvier la mettait également à vivre la vie quotidienne. Il fut un honnête homme dans la mesure où il fut un honnête écrivain, c'est-à-dire absolument. Et l'on s'enorgueillissait de son amitié. Sa figure, éclairée de finesse et d'ironie, un peu hautaine, très noble, survivra longtemps dans le souvenir de ceux qui l'ont connue.

Son œuvre se chiffre par un petit nombre de volumes : *Les Vosges pendant la Révolution (1789-1795-1800)*, *Les Héros oubliés : la Défense de Rambervilliers en 1870*, *Les premiers combats de 1814*, *Histoire générale des Vosges*, *Biographie générale Vosgienne*, et surtout *Bonaparte en Italie (1796)*, ouvrage auquel l'Académie française décerna le prix Thérouanne, et dont Félix-Bouvier préparait le second tome. *Bonaparte en Italie* fut sa pensée capitale. Grâce à Félix-Bouvier, ce chapitre glorieux de notre histoire a trouvé son expression définitive.

Devons-nous rappeler le succès qu'obtinrent dans *L'Écho* les *Récréations historiques* ? Tous les jours, nous recevions des témoignages de l'intérêt avec lequel étaient suivies par le public les chroniques de notre regretté collaborateur. Sa mort est pour nous une perte irréparable.

Nous adressons à Félix-Bouvier notre adieu douloureux et reconnaissant.

L'E. B. D. B.

FÉLIX-BOUVIER

UNE DANSEUSE
DE L'OPÉRA

LA BIGOTTINI

NOEL CHARAVAY
3, Rue de Furstenberg, 3
PARIS

1909

M.lle BIGOTTINI.

UNE DANSEUSE DE L'OPÉRA

LA BIGOTTINI

CHARTRES. — IMPRIMERIE ED. GARNIER.

FÉLIX-BOUVIER

UNE DANSEUSE
DE L'OPÉRA

LA BIGOTTINI

NOEL CHARAVAY
3, Rue de Furstenberg, 3
PARIS

1909

UNE DANSEUSE DE L'OPÉRA

LA BIGOTTINI

Quelqu'un s'enquit un jour de ce que devenaient les vieilles lunes et un humoriste de répliquer qu'on les cassait en menus morceaux pour en faire des étoiles.

Mais qui dira ce que deviennent les étoiles? Étoiles du théâtre, du chant ou de la danse, étoiles du drame, de la comédie ou du ballet ne scintillent qu'un bref instant, d'un éclat viager, au firmament de l'art. Et elles fusent bientôt en étoiles filantes, impalpable poussière de nébuleuses. Les plus belles, les plus aimées, les plus illustres ont parfois le pire destin et, du sépulcre des gloires fanées, combien de souvenirs émergent-ils au bout de peu d'années? Des adorées de nos aïeux, nous évoquons les images de la Champmeslé et d'Adrienne Lecouvreur, de Clairon et de Contat, de Lange, de Gaussin et de Dugazon. Nos grands-pères se répétaient les charmes incomparables de George et de Mars, de Rachel et de Malibran, et nos pères célébraient l'âme de Desclée et l'éternelle jeunesse de Déjazet. Nos fils rediront Bartet. Et encore combien de ces divinités doivent-elles cette pérennité de la mémoire, à leur beauté, à l'amour qu'elles inspirèrent à tel peintre ou tel écrivain qui sut les immortaliser, à leurs scandales mêmes, au moins autant qu'à leur génie?

Et les danseuses donc! Combien plus fugace leur phosphorescent sillage ! Il semble que la légèreté qui entraîne leurs pas, les emporte plus vite dans l'océan d'oubli. Papillons de la rampe, de la poussière dorée de leurs ailes il ne subsiste bientôt aucune trace aux doigts indiscrets qui les frôlèrent. Citez donc un nom, un seul, des marcheuses des ballets de Lulli qui enthousiasmèrent le Grand Roi ? Du siècle suivant surnagent les silhouettes de l'étourdissante Camargo, ainsi que de la fastueuse Duthé ; le bruit des désordres de la Guimard, « le squelette des Grâces », dont la maigreur rehaussait la beauté, comme le souvenir de l'esprit malicieux et des propos piquants de Sophie Arnould. Ah ! l'on se souvient aussi de Vestris, le Florentin, mais c'était « le Diou de la danse », et il naquit de lui toute une dynastie légitime ou bâtarde, qui perpétua son nom jusqu'aux confins de la Restauration. Et des plus modernes filles de Terpsichore, de celles qui fascinèrent les yeux, les cœurs et les sens des fougueux guerriers de l'Empire, celles qui virent toute l'Europe armée à leurs pieds mignons, de cette incomparable pléiade d'une époque sans pareille où tout homme était soldat, où, au théâtre, on ne chantait plus, mais on dansait, qui nommer ? En furetant bien, on en énumérerait deux ou trois : Bigottini et Clotilde, Virginie et Chameroy ; puis celles qui leur succédèrent aussitôt, ces réformatrices de la danse, la Viennoise Fanny Elssler, les Napolitaines Taglioni et Cerrito. Nulles pourtant ne furent plus encensées, plus adulées, plus adorées et plus dorées que ces sylphides qui, d'un coup de jarret, rebondissaient au ciel, décrochant et entraînant tous les cœurs par leurs entrechats. Ce fut l'apogée du règne des danseuses que ces vingt années qui consolèrent la France des brutalités de la Terreur et de la corruption basse qui suivit ; qui la soûlèrent de gloire et d'amour. La femme, la danseuse, régna alors sans partage, devant un parterre de rois, de princes et de héros, assouplissant ces glorieux Barbares qui accouraient déposer à ses pieds, en guise d'hommages, les dépouilles opimes de l'univers conquis.

D'énormes fortunes affluèrent dans leur escarcelle, et bien étourdies furent celles de ces sauteuses qui, plus cigales que fourmis, ne surent pas, dans cette sarabande de millions soulevée avec leurs pirouettes, cueillir les lauriers d'une main et serrer les doublons dans l'autre.

La Bigottini resplendit au premier rang du vertigineux quadrille impérial et se distingue aussi parmi les vierges sages — tout est relatif ! — qui surent emplir leur cassette au temps de leurs éphémères succès. De chacune de ses campagnes amoureuses, elle rapportait joyaux et rentes, maison de ville et maison des champs; plus pratique que cette hétaïre qui comptait uniquement par les perles de son collier, le total de ses péchés.

C'est qu'aussi bien cette Languedocienne avisée (1), véritable enfant de la balle, puisque son père fut l'un des acteurs les plus goûtés de la Comédie-Italienne (2), puisque son beau-frère, Milon, fut mime, danseur, puis maître de ballets à l'Opéra, sut à ses talents chorégraphiques ajouter les dons sérieux d'une bonne ménagère, stylée sans doute aussi par les conseils et l'exemple de sa mère, l'intendante économe de la maison.

Ballerine, d'instinct et de race, comme une enfant du pays du soleil, d'Italie, sa patrie d'origine, l'éducation n'eut guère qu'à développer, à affiner ses dons natifs. Aussi, mérita-t-elle le surnom de « La Malibran de la danse », car elle avait de commun avec la Malibran cette séduction

---

(1) Elle naquit à Toulouse, le 16 avril 1784, de l'acteur Bigottini, alors en représentation dans la capitale du Languedoc, et de Dominique Lacoste, déjà plus que quadragénaire, étant née le 27 juin 1740.

(2) François-Antoine Bigottini, né à Rome, était un acteur excellent qui débuta, le 17 avril 1777, à la Comédie-Italienne, par le rôle d'Arlequin dans *Arlequin Maître de Musique* et *Arlequin Esprit Follet*, dont il était l'auteur. Il y changeait de costumes et de masque avec une prestesse étonnante. Sa fille aînée, Louise, née également à Rome d'un premier mariage fut figurante à l'Opéra, dans les coulisses duquel elle connut ses deux maris, Nicotti, puis Milon. Elle était par conséquent la sœur consanguine d'Emilie, mais beaucoup plus âgée, près de vingt-huit ans. (Castil-Blaze, t. II.)

suprême de se livrer de toute son âme à son art, possédée de l'amour de la danse autant que de la danse d'amour, et dépensant sans calculer, ses forces et son génie, animée de ce feu sacré, qui ne brûle que les organisations d'élite.

Émilie-Jeanne-Marie-Antoinette Bigottini accouplait ces attraits enivrants qui subjuguent les cœurs. Elle unissait la pétulance gasconne à la *morbidezza* romaine.

De haute taille, élancée, souple et svelte, l'air noble plein de décence et de distinction, avec une chevelure d'ébène toute bouclée, et des yeux noirs cerclés de bistre, le nez un peu long, mais d'un dessin très pur, une jolie bouche, pincée par un mutin sourire, telle que nous la montre le portrait de Vigneron (1), cette croqueuse de cœurs exerçait sur tous une indicible attraction qui attachait irrésistiblement ceux qui l'avaient une fois approchée. C'était une tendre, une sentimentale plutôt qu'une sensuelle, surtout qu'une « noceuse », susceptible néanmoins d'inspirer et de ressentir la volupté. Sa tenue décente, son expression langoureuse, presque mélancolique, plutôt qu'ardente, son allure si gentiment « popote », devaient captiver les hommes sérieux plus en quête d'affection, feinte ou réelle, que de clinquant et de tapage. On la jugeait vite capable d'émotion, d'attachement durable, et les liens qu'elle noua attestent qu'elle savait plaire autrement qu'en passade. Parmi les maints amants qu'elle attira, tous de bon ton, on en discerne au moins deux qui lui demeurèrent longuement et fidèlement attachés, et, l'on peut présumer que tous deux le furent par une sorte d'idiosyncrasie avec les qualités, pour ainsi dire bourgeoises, qui s'unissaient en elle si délicieusement avec la facilité de mœurs, résultant de son métier et de son milieu, et le côté romanesque et affectif de sa nature. L'un fut le doux et timide Eugène Beauharnais; l'autre, le

---

(1) Son portrait figure aussi parmi les vingt médaillons de danseuses célèbres qui décorent le foyer de la danse à l'Opéra, côte à côte de Mlles Sallé, Camargo, Vestris, Guimard, Heinel, Gardel, Montessu, Taglioni, Elssler, Grisi, Cerrito. Il y manque Rosita Mauri, cette aérienne de suprême élégance.

correct, poli et réservé Duroc, si bien que l'on peut dire qu'en quelque état que le ciel l'eût fait naître, ces deux amoureux transis eussent reconnu en Bigottini, la prédestinée de leur cœur, leur idéal (1). Danseuse et danseuse étoile, elle exerça sur eux un charme d'autant plus invincible et il est permis de présumer qu'elle subit à son tour le sentiment qu'elle inspira.

Par quelles étapes avait-elle passé avant de monter en reine, sur les planches de l'Opéra?

Venue fort jeune à Paris où ses parents étaient sans doute appelés par quelque engagement théatral, elle put voir l'aîné et le cadet des Vestris et leurs femmes, la belle Allemande Heynel et l'une des sœurs Dugazon, triompher dans les ballets de l'Opéra, préludant à cette royauté chorégraphique qu'eux ou leurs descendants prolongèrent si tard. Milon, le danseur Milon, qui avait épousé une demi-sœur d'Emilie, était déjà figurant de la danse à l'Opéra (2). Milon, avec sa longue taille, sa figure maigre, fait pour personnifier Don Quichotte, n'aspirait en aucune façon à rivaliser avec le

(1) Eugène était pourtant un gai luron, aimable, exubérant même, cultivant les belles et la bonne chère, mais fuyant le tapage, « subordonnant tout au service », toujours réservé, poli, décent, des manières de gentilhomme, d'un respect familier avec les femmes dont il ne compromit aucune. (Frédéric Masson : *Napoléon et sa famille*, II, p. 214.)

Duroc et Bessières constituaient d'ailleurs avec Eugène un trio de noceurs discrets. Eugène et Duroc n'étaient-ils pas « les deux hommes qui, en ce temps, ont le mieux exprimé et incarné le devoir »? (Frédéric Masson, *idem*.)

Ce qui est particulier, c'est qu'après avoir failli devenir le beau-frère d'Eugène Beauharnais en épousant sa sœur Hortense; après lui avoir succédé dans le cœur de Bigottini, ce fut Duroc qui, à Munich, en 1805, décida le mariage du prince Eugène. (Frédéric Masson, t. Ier, p. 170.)

(2) Milon (Louis-Jacques), né vers 1763, entra à l'Opéra figurant de la danse en 1782, y devint danseur et chef de l'école de la danse en 1789; maître et compositeur de ballets, de mai 1799 à avril 1827; professeur de danse et de pantomime de 1815 à 1822. — Descendait-il de Marie-Jeanne Milon, dite Mlle de Mandeville, actrice du Théâtre-Italien, qui épousa Trial en deuxièmes noces? Bigottini première, Louise Bigottini, qui avait sept ans de plus que Milon, appartenait au corps de ballet depuis plusieurs années. En 1781, elle demeurait rue Mauconseil; en 1792, faubourg du Temple, près la barrière, et Milon, faubourg Saint-Martin, près la barrière. Ils habitent ensuite ensemble, 20 ou 22, rue Neuve-Saint-Augustin, mais alors Bigottini a quitté l'Opéra, où ne figure plus que sa jeune et triomphante demi-sœur, Emilie.

sémillant Vestris. Mais c'était un professeur de premier ordre, un maître de ballet sans pareil. Aussi, à son école sévère, se forma rapidement sa petite belle-sœur, Émilie Bigottini, et elle fut bientôt en état de paraître devant le public. C'est toutefois à l'Ambigu (1) qu'elle fit ses premiers débuts, mais elle ne fit qu'y passer. Le 20 novembre 1801 (2), d'une seule enjambée, elle débutait à l'Opéra (3) dans le rôle de l'Amour du ballet de *Psyché* (4), et ce ne fut parmi les amateurs qu'un cri de triomphe, une acclamation d'amour et d'admiration. Jamais débuts ne furent signalés ainsi « comme un événement de la plus haute importance pour l'Opéra ». L'élève avait dépassé le maître et, d'un coup d'aile, escaladé l'empyrée. Son engagement à l'Opéra n'avait pas été sans soulever de cabale (5). On s'était heurté à une

---

(1) Ou plutôt au théâtre d'Audinot qui devint l'Ambigu.

(2) Le 29 brumaire an X.

(3) Alors Théâtre de la République et des Arts, établi rue Richelieu, à l'endroit où est aujourd'hui la place Louvois. Il passa dans la salle de la rue Le Peletier, seulement le 16 août 1821.

(4) *Psyché*, ballet en 3 actes de P. Gardel, musique de Miller, représenté le 14 décembre 1790, et non la tragédie lyrique de Lulli et Thomas Corneille.

(5) Moins de six mois après ses débuts, la Bigottini écrivait au ministre Chaptal cette lettre, que nous citons en entier, car elle est d'autant plus amusante lorsque l'on connait la suite des aventures de la signataire :

« Citoyen Ministre,

» Les suffrages que le public a eu la bonté de m'accorder dans mes débuts me font espérer d'obtenir votre protection et votre appui.

» J'appartiens à une famille dont les mœurs irréprochables les auraient empêchés de me mettre au théâtre s'ils n'avaient pas eu une assez haute idée des arts pour croire qu'ils pourraient faire un sort honorable à qui les exerce, lorsque la bonne conduite accompagne le talent. *Le mien sera ma dot : je ne veux point vivre aux dépens de l'honneur; je ne veux point accabler de chagrin ma famille* et surtout celui de qui je tiens mon talent et mon éducation, le citoyen Milon, mon maître et mon beau-frère.

« C'est d'après ces principes, Citoyen Ministre, que j'ose croire mériter votre protection. Je la réclame donc en ce moment où l'on m'offre à l'Opéra une place de *double*, place qui m'éloignerait de toute occasion d'exercer mon talent; étant la dernière arrivée dans cette classe, les autres par droit d'ancienneté me priveraient de tous les pas et de tous les rôles; tandis qu'une place de *premier remplacement* me mettrait à même de continuer tous mes efforts pour mériter la bienveillance du public et rendre mon talent utile au Théâtre des Arts.

« On vous objectera, Citoyen Ministre, qu'il n'y a point de place de remplacement de vacante, mais vous n'ignorez pas qu'en tous temps à l'Opéra on a créé des places

sorte d'opposition des artistes de la danse qui lui refusèrent tout talent. C'est Rœderer, alors directeur de l'Instruction publique sous le ministre Chaptal, l'ami de Mlle Bourgoin, une sorte de surintendant des beaux-arts, qui imposa l'engagement de Mlle Bigottini, en même temps que ceux de Mlles George et Duchesnois, à la Comédie-Française. N'était-il pas piquant de voir ce grave fonctionnaire trancher en dernier ressort, sur le mérite d'un jeté-battu et d'un rond de jambe (1)?

Après ce coup d'État au petit pied — n'est-ce pas le cas de le dire? — les succès de Bigottini s'affirmèrent à chaque création. Elle s'éleva aux nues dans le ballet de *Proser-*

---

d'amortissement (?) pour des artistes dont le talent et l'utilité étaient reconnus. C'est une place de ce genre que je sollicite et j'espère que vous voudrez bien l'accorder à celle qui vous assure d'avance de sa sincère reconnaissance et de sa respectueuse obéissance.

« Emilie Bigottiny *(sic)*
« Elève du citoyen Milon. »

Au bas de cette pétition, sa sœur, Bigottini première, écrivit l'apostille que voici : « 10 ventôse an X (1er mars 1802). Citoyen Ministre, Emilie Bigottini, ma sœur, ayant reçu de votre bonté une lettre sur ses débuts au Théâtre des Arts... vous supplie de lui accorder une audience pour vous rendre ses devoirs.

« femme Milon,
« rue Neuve-Saint-Augustin, 22. »

Et plus bas, l'impitoyable Cellerier, administrateur-adjoint, écrivait en marge : « Avis défavorable, Mlles Delisle, Millière et Louise, qui sont au théâtre depuis 10 à 12 ans... ne verraient qu'avec douleur qu'une place qu'elles briguent depuis longtemps, fut donnée à une débutante », 3 floréal an X (23 avril 1802). L'affaire avait été plusieurs semaines en instance, on le voit, et l'on connaît la suite qui lui fut donnée par Rœderer, à qui Chaptal l'avait renvoyée pour examen et décision : Bigottini fut admise en dépit de « l'avis défavorable » du terrible Cellerier. L'audience sollicitée lui fut-elle accordée et en sortit-elle triomphante ? Il est permis de le penser.

(Lettre communiquée avec une rare courtoisie dont je le remercie par M. René Farge, l'érudit attaché aux Archives Départementales de la Seine, qui a découvert cette lettre dans des archives particulières.)

Ce qu'il y a de curieux, c'est que la Bigottini, par une lettre du 20 janvier 1820 (mêmes archives que ci-dessus), protestait contre une faveur du même genre accordée aux débutants pour la pantomime, alors qu'« elle n'était parvenue à l'emploi de premier sujet qu'après douze ans d'utiles services à l'Opéra ».

(1) Sainte-Beuve : *Causeries du Lundi*, tome VIII, p. 305.

pine (1), dans une reprise de celui de *Mirsa* (2) et dans celle d'*Aline, Reine de Golconde* (3). Au dire des vieux habitués, jamais l'art de la pantomime n'atteignit un plus haut degré; c'est là que s'arrête la perfection... Jamais intelligence ne fut plus parfaite; jamais talent ne fut plus varié et plus étendu.

Celle qui devait être si noble, si passionnée dans les ballets de *Nina* et de *Clari* (4), excitait alors l'allégresse des amateurs par « l'esprit, la finesse et l'espièglerie réunis à la grâce qui ne la quittait jamais » (5).

On conçoit qu'ainsi goûtée et prônée, l'aimable Bigottini vit tout le parterre et les loges à ses pieds. On comprend surtout qu'elle ait inspiré caprices ou passions et que les plus hauts seigneurs du nouveau régime, comme les plus riches, se disputassent la faveur d'être reçus chez elle. Parmi les premiers de ces favoris, on doit placer Eugène de Beauharnais, colonel des chasseurs de la garde, le propre fils adoptif de l'Empereur, le fils de l'Impératrice Joséphine ! Cet honnête et doux jeune homme de 22 ans, à peine l'aîné d'Émilie, s'il n'en était plus à sa première aventure d'amour, esquissait pourtant sa première liaison et l'on peut dire que la rencontre fut heureuse pour l'initiatrice comme pour le soupirant. Cette ère de bonheur dura deux années pleines, jusqu'au mariage du prince Eugène (6), et l'on peut croire que ce ne fut pas sans regrets que l'une et l'autre partie virent se terminer cette amourette juvénile.

(1) *Proserpine*, ballet en 3 actes de Guillard, musique de Paisiello (réduction de la tragédie lyrique de Quinault et Lulli), représenté le 29 mars 1803, ou le ballet en 3 actes de Gardel, représenté le 18 février 1818. Ce fut un de ses grands succès.

(2) *Mirsa*, ballet en 3 actes de Max. Gardel, représenté le 18 novembre 1779.

(3) *Aline, Reine de Golconde*, opéra-ballet en 3 actes de Sedaine, musique de Monsigny, représenté le 15 avril 1766, ou le ballet en 3 actes, de même nom, d'Aumer et Dugazon, d'après l'opéra-comique de Berton, représenté le 1er octobre 1823.

(4) *Clari ou la promesse de mariage*, trois actes de Milon et Kreutzer.

(5) *Biographie* Rabbe, tome Ier, p. 395.

(6) Eugène Beauharnais (1781-1824) vice-roi d'Italie en 1805, épousa le 14 janvier 1806, la princesse Auguste de Bavière.

Est-ce au cours des fréquentes visites sentimentales que le beau-fils de son maître faisait chez la Bigottini, où il l'accompagnait parfois, que le grand-maréchal du Palais, Duroc, eut l'occasion d'approcher, d'apprécier la captivante danseuse? Ou fut-ce tout simplement, du fond d'une loge d'Opéra, que ce cœur de célibataire endurci se vit enlever à la pointe de l'orteil, par la séduisante ballerine?

Quoi qu'il en soit, ce fut Duroc, gouverneur des Tuileries, confident intime de Napoléon, le froid et guindé, mais poli et courtois général Duroc, un vrai glaçon, mais aussi un vrai gentilhomme (1) qui succéda dans les bonnes grâces de la Bigottini au fils de son impératrice. Était-ce pour oublier l'échec de ses projets matrimoniaux encouragés d'Hortense? Son cœur de vieux soldat qui avait amassé des trésors de tendresse et de candeur, fut empaumé par la grâce de la danseuse et lui, toujours nonchalant, indifférent à tout et à tous, ne se souciait de rien, sinon de la ravissante Bigottini (2). Avec elle il se consola sans trop de peine, on peut le croire, des dédains de la volage Hortense (3). Mieux qu'un feu de paille, ce fut bel et bien la liaison toute de constance et de sympathie réciproques, même après le jour où l'Empereur eut imposé à son aide de camp préféré, à son familier, le mariage avec une riche et mignonne Espagnole de seize ans (4), qui n'assura certes pas la paix du ménage pour Duroc.

Des enfants étaient nés de cette union irrégulière, une fille et un fils, prénommé Odilon (5). Ainsi que le remarque

(1) Et de fait Christophe de Michel du Roc, démocratisé en Duroc, était bien le descendant d'une famille noble de Lorraine.

(2) Maréchal de Castellane : *Journal*, tome Ier, p. 85.

(3) Voir, sur ces incidents, Frédéric Masson: *Napoléon et sa famille*, II, p. 374.

(4) Maria de las Nieves-Dominga-Antonietta-Rita-Josefa-Luisa-Catarina Martinez d'Hervas d'Almenara, née à Madrid en 1788, remariée en 1831 au fameux général Fabvier, morte seulement le 9 décembre 1871.

(5) Sans préjudice de la petite Hortense-Eugénie, issue du légitime mariage de Duroc, et filleule de la Reine Hortense; cette enfant, née en 1813, quelques semaines avant la mort de son père, mourut à 17 ans, en 1830. Nous ignorons ce que devinrent le fils et la fille de Duroc.

M. Frédéric Masson, la Bigottini ne faisait pas fi des maternités fructueuses (1).

Émilie eut également une fille des œuvres du spirituel comte de Fuentès, de la maison Pignatelli-d'Egmont, un lieutenant-général des armées espagnoles, appartenant à l'une des plus anciennes et des plus riches familles de Castille, un descendant de ce valeureux comte de Fuentès, que l'éloquence de Bossuet célébra magnifiquement, pour avoir montré à Rocroi, qu'une âme guerrière est toujours maîtresse du corps qu'elle anime. Moins maître de ses passions que son aïeul ne le fut de ses souffrances physiques un jour de bataille, Fuentès (2), venu en France avec son frère, s'y livra à de telles prodigalités, que ses parents l'obligèrent à rentrer en Espagne. Ce ne fut pas sans avoir doté grassement sa progéniture. Encore une « maternité fructueuse » pour la suave Bigottini ! C'est à cette époque que l'un de ses adorateurs lui acheta une maison de la rue Richelieu, tout auprès de l'Opéra de la place Louvois et qu'elle quitta la rue Neuve-Saint-Augustin où, dans le même immeuble qu'elle, habitait la cantatrice Branchu (3).

La prestigieuse ballerine était du reste à l'apogée de ses triomphes, tant sur la scène qu'en amour. Elle si contestée à ses débuts, s'était emparée, en 1806, de tous les rôles,

---

(1) Frédéric Masson.

(2) Le comte de Fuentès, né à Paris où son père était ambassadeur d'Espagne, en 1770; colonel de hussards en 1793; lieutenant-général en 1801, il mourut à Madrid, le 15 novembre 1819; son frère mourut à Pau dans ce voyage de retour. (*Biographie* Rabbe, t. V, p. 247.)

(3) Émilie Bigottini habita successivement rue Neuve-Sainte-Croix (rue absorbée par la rue Caumartin, le 5 mai 1849), auprès de la rue Joubert; puis 6 ou 9, rue de Choiseul. Elle s'installa, le 1er avril 1815, rue Saint-Augustin, 5, où elle occupe onze pièces au 2e étage, moyennant 2.568 francs de loyer; elle avait pour co-locataires, Mlle Branchu (déjà sa voisine de palier, rue Neuve-Sainte-Croix), qui habitait l'aile gauche, et sur le même étage que Bigottini demeurait Loiseau de Persuis, chef d'orchestre de l'Opéra de 1810 à 1815 (1769-1819).

Le 2 octobre 1816, la Bigottini acquit de la veuve Révil une maison, 89, rue Richelieu, au coin de la rue Saint-Marc, mais elle n'y résida point. Le 20 avril 1819, elle acquérait des frères Lecomte, l'immeuble, 67, rue Richelieu, où elle vécut jusqu'à sa mort, et qui porte aujourd'hui le même numéro.

figures et pas de Mme Pierre Gardel, fille, femme et belle-sœur pourtant de trois réputés maîtres de ballets (1). Ce ne fut pas sans une lutte acharnée que celle-ci se laissa déposséder. Jalouse, on le comprend, des succès de Bigottini, dont « les jeux divertissants excitaient des transports d'enthousiasme », elle s'efforça de la perdre dans l'esprit du directeur d'alors, Morel-Lemoyne, mais en vain. « Tous ses efforts se brisèrent devant le talent de Mlle Bigottini ». (2). Victoire insigne d'autant plus surprenante que Mme Gardel-Miller, indépendamment de ses talents chorégraphiques, qui faisaient dire qu'elle était à la danse ce que la Vénus de Médicis est à la sculpture, possédait des yeux superbes, des yeux d'où jaillissaient les diamants, au dire de son vieux professeur, le maître de ballets Noverre (3). Mais talent, beauté, appui de famille, tout dut céder devant la fascination exercée par son éclatante rivale.

L'Empereur lui-même subit l'ascendant sans pareil de la câline danseuse et un jour, qu'il avait admiré l'une de ses pirouettes les plus réussies, sans doute sur le théâtre de la Cour (4), il ordonna à Fontanes, grand-maître de l'Université, de faire remettre à la charmeresse, une marque de sa satisfaction. L'amant de la princesse Elisa, en fin lettré qu'il était, ne jugea rien de mieux que d'envoyer à la ballerine, la collection complète des classiques français, richement reliés. A quelque temps de là, Napoléon, ren-

---

(1) Fille de Miller (Houbert, dit Miller, mort en 1811), le compositeur, elle était célèbre comme danseuse lorsqu'elle épousa, en 1795, Pierre Gardel (né à Nancy, 1758), frère cadet de Maximilien (mort en 1787), tous deux fils du maître de ballets du roi Stanislas, à Nancy.

(2) Eszvar du Fayl : *Académie Nationale de Musique*, p. 144.

(3) Du Fayl, page précitée.

(4) Bigottini est en effet du corps de ballet de l'Empereur, dont Gardel est le maître avec Despréaux: elle y figure avec Vestris et Mme Gardel. (Frédéric Masson : *Joséphine Impératrice et Reine*, p. 282.) Le jour de la distribution des aigles (5 décembre 1804, 14 frimaire an XIII), l'Empereur lui envoie une gratification de 3.000 francs. Dans l'hiver et au printemps de 1806, elle danse cinq ballets dont, à Saint-Cloud, 14 juin, *Paul et Virginie*, qui ne fut joué que le lendemain à l'Opéra, et, le 1er septembre 1808, aussi à Saint-Cloud, *Vénus et Adonis*, joué le 4 octobre seulement à l'Opéra.

contrant l'accorte danseuse, lui demanda si elle avait été contente du cadeau qu'avait dû lui faire porter Fontanes. « Ma foi, sire, pas trop ! » répondit-elle. « Comment celà ? » reprit l'Empereur. « Il m'a payée en *livres*, répliqua malicieusement Émilie, j'aurais préféré en *francs!* » (1).

Le plus bel exploit, comme aussi le plus beau trophée d'Émilie Bigottini, fut l'enlèvement de haute lutte, à sa plus fameuse antagoniste, la danseuse Clotilde, du cœur et de la bourse du plus généreux et du plus fastueux des amants le comte d'Egmont, prince Pignatelli (2). Depuis que la danseuse Le Duc avait supplanté la déesse Camargo auprès du trop aimé comte de Clermont, on n'avait plus assisté à pareil spectacle. Les motifs de rivalité entre Bigottini et Clotilde dataient de loin, et les deux ballerines s'étaient souvent heurtées dans les coulisses ou à la promenade de Longchamps. D'abord, Clotilde avait été l'élève de Vestris et Bigottini, celle de Milon; Vestris et Milon, rivaux eux-mêmes dans l'art des ballets. En outre, Clotilde était déjà premier sujet de la danse à l'Opéra, lorsqu'y débuta, on sait à travers combien d'obstacles, la petite Bigottini, et Clotilde ne manqua pas de l'humilier de la suprématie de son rang, vexation gratuite qui, entre femmes pas plus qu'entre hommes, ne se pardonne jamais.

Mais surtout, en dépit des pouvoirs de séduction incontestable de Bigottini et de ses succès féminins, les charmes de l'admirable créature qu'était Clotilde, excitaient sa

(1) Un vieil abonné : *Ces demoiselles de l'Opéra*, p. 88. L'auteur de ce livre anonyme que nous soupçonnons être Paul Mahalin, place Bigottini en tête du chapitre : « Ballade des Dames du temps jadis », avant le nom de Clotilde même et d'autres célébrités de la danse.

(2) Il est assez difficile, dans la nombreuse lignée des Pignatelli, d'identifier exactement ce personnage. Pourtant il appartenait certainement à la troisième branche (Fuentés) qui reçut par héritage le titre de la maison d'Egmont; on peut néanmoins assurer que ce fut l'un des trois fils issus du mariage de Louis de Gonzague-Marie-Ildephonse, etc., prince Pignatelli d'Aragon, et de sa cousine Alphonsine-Louise-Julie-Félicité d'Egmont-Pignatelli (1751-1786); certainement l'aîné, Casimir-Louis-Gonzague-Marie-Alphonse-Armand, né le 28 septembre 1770; ses deux cadets étaient nés, l'un Alphonse-Louis-Philippe, en 1774; le second, Pierre-Paul-Constant, en 1778.

jalousie méritée et la piquaient d'autant plus que Clotilde avait su se faire épouser, pour peu de temps, il est vrai, et qu'une fois après rupture des justes noces, comme du reste pendant et auparavant, elle avait collectionné la plus copieuse et aussi la plus dorée galerie d'adorateurs, plus ou moins Crésus, qui faisaient couler le Pactole dans son lit, sans oublier nombre de greluchons, de telle sorte que ses nuits étaient aussi agitées que ses jours et que ses soirées ! C'est que Clotilde Malfleuray (1), qui au surplus ne connaissait guère la morale que comme les voleurs connaissent la gendarmerie, était bâtie par la nature de façon à faire extravaguer les plus sages. Elle était quelque peu l'aînée de Bigottini dont elle se montrait, du moins par l'éclat de sa chevelure, l'antithèse vivante, ce qui permettait aux gandins de courir de l'une à l'autre, par goût du changement de couleur. Clotilde en effet, était blonde, blonde comme l'or et le soleil, blonde comme Ève et comme Astarté. Sous l'arcade de ses sourcils, ses yeux à fleur de tête étaient deux saphirs allumés. Grande, souple, superbe, le cou long, élégant et fier, la taille si menue qu'elle eût pu tenir dans la dragonne d'un sabre, elle eût personnifié Diane, sans son nez trop retroussé ; c'était au demeurant une ravissante drôlesse. En scène, elle avait des crâneries de la hanche, un certain mouvement de reins indéfinissable et indescriptible, des manières de se pencher, des développements de bras, harmonieusement arrondis, « proportionnés à la majesté de sa structure », et

---

(1) Clotilde-Augustine Malfleuray ou Mafleuroy (ou Malfettrai), née à Paris, le 1er mars 1776, avait débuté à l'Opéra, grâce aux soins de Vestris, le 12 mai 1793. En tournée à Bordeaux, en 1799, elle avait été impliquée dans le complot royaliste qui précéda l'insurrection toulousaine de 1799 ; elle fut emprisonnée à Bordeaux et n'échappa qu'à grand'peine à un châtiment plus sévère. Cette manifestation politique lui créa beaucoup d'amitiés reconnaissantes dans le monde des royalistes et des gros capitalistes, qui contribuèrent, autant que sa beauté et son talent, à affermir sa réputation et sa fortune. On prétend qu'elle épousa, après son divorce, le marquis Sanguin de Livry.

Elle se retira du théâtre le 19 avril 1819 et mourut à Paris, à peine cinquantenaire, le 15 décembre 1826. Les bonnes camarades insinuaient qu'elle avait autrefois passé par « les grands remèdes », accusation qui semblerait prouvée par sa mort prématurée, à l'âge critique.

dans tous ses balancements, un frémissement, un frétillement et un ragoût d'une suprême volupté (1). Que l'on s'étonne après cela qu'elle ait ensorcelé le monde et qu'elle ait insolemment pu attacher à son char, toute une légion de diplomates et de financiers les plus huppés, accaparant la fleur du panier et n'abandonnant à ses camarades que le menu fretin !

Hélas, la beauté même la plus parfaite n'est pas à l'abri des infirmités humaines et l'éblouissante Clotilde en souffrait affreusement. Lorsqu'elle se livrait à ses ébats chorégraphiques, les lascives ondulations de son beau corps provoquaient un trouble singulier, des émanations qui, paraît-il, n'étaient pourtant point « sans charmes pour certains dilettanti »; si bien qu'il est permis de se demander si ce n'est pas elle, plutôt que l'infortunée maréchale sur qui l'on conte l'anecdote, qui serait l'héroïne de l'impudent propos : Quand je danse je sue, et quand je sue... je.....

Des flatteurs prétendaient qu'elle exhalait l'odeur du serpolet, mais ce qui est certain, c'est que « pour corriger l'âcreté de ses odeurs corporelles », Clotilde prodiguait tellement les parfums, le musc surtout, dont elle usait et abusait, que les bonnes petites amies l'avaient baptisée : le sachet ambulant (2).

Malgré ce défaut musqué, Clotilde avait accompli la conquête du richissime seigneur espagnol, le prince Pignatelli, qui lui alignait 100.000 livres par mois. Piqué au jeu, l'ambassadeur d'Espagne, l'amiral Mazaredo, détrôna son compatriote, en portant d'un coup à 400.000 livres mensuelles, le chiffre du denier du culte. Et plus fou encore, le vieux banquier Perrégaux, le beau-père du maréchal Marmont, versait 100.000 francs par an, rien que pour avoir le droit d'assister aux repas de cette fée des entrechats !

---

(1) Nérée Desarbres : *Deux siècles à l'Opéra*, p. 131. Un vieil abonné, pp. 89 à 94, Eszvar Du Fayl, pp. 243 à 45, d'après Roqueplan : *Les Coulisses de l'Opéra* et Castil-Blaze : l'*Académie Impériale de Musique*, Rabbe, t. II, p. 115.

(2) Son nom patronymique ne semble-t-il pas indiquer par sa consonnance ce vice odorant : Malfleuroi, Malfleuri, Malfleurant ?

Le plus déraisonnable fut certainement un jeune musicien qui poussa la sottise jusqu'à donner son nom à cette nymphe peu effarouchée. Le 19 mars 1802, le délicieux compositeur, Adrien Boïeldieu (1), le futur auteur de la *Dame Blanche*, épousa légitimement la gracieuse Clotilde, au grand ébahissement du corps de ballet. Il est vrai que la lune de miel « se changea bientôt en croissant » et qu'au bout d'un an à peine de mariage, les deux époux se séparèrent, avant de divorcer légalement, en 1808 (2).

En empochant de tels deniers, il était facile à Clotilde de mener un large train de maison. La chronique assure que son boudoir n'avait rien à envier à celui d'Aspasie (3). On prétend que l'ensemble des bagatelles et bibelots qui garnissaient ce gynécée, sans compter les meubles, collections et tableaux, étaient estimés plus de 700.000 francs !!! Étonnez-vous après cela que Clotilde fût si charitable, si bonne, si prodigue même pour les humbles, les comparses, les choristes et figurantes qui gravitaient autour d'elle?

Que d'incoercibles griefs, que d'âpres motifs de jalousie, dans cette veine insolente de Clotilde, surtout aux yeux de la Bigottini, qui, comme l'on sait, recherchait volontiers, si l'on peut dire, les passions alimentaires. Aussi, entreprit-elle le siège du cœur de Pignatelli, que Clotilde défendit avec non moins d'acharnement. L'assaut entre les deux séduisantes ballerines fut homérique; la galerie marquait les coups et s'amusait extrêmement. Le spectacle ne manquait pas du reste d'agrément pour les yeux. Finalement,

---

(1) Boïeldieu, né à Rouen, le 15 décembre 1775, mourut le 8 octobre 1834; il avait remplacé à l'Institut (Académie des Beaux-Arts), le 29 novembre 1817, Méhul mort le mois précédent.

(2) D'aucuns assurent que Napoléon qui avait des raisons d'être agréable à Clotilde — par réciprocité? — interdit ce divorce. Ce qui est certain, c'est que Boïeldieu ne se remaria qu'après la mort de sa singulière épouse.

(3) Son appartement était situé rue Ménars, 10, dans la même maison qu'avait occupée Mlle Bourgoin, la préférée de Chaptal et de Lucien Bonaparte. Clotilde demeura également rue Peletier, 7 ou 17. Etait-ce la rue Le Peletier de l'autre côté du boulevard, ou rue Neuve-le-Peletier (aujourd'hui rue Rameau) tout auprès de l'Opéra?

grâce à ses appas et à ses agaceries, grâce aussi peut-être au fumet de son émule, Bigottini parvint à enchaîner le noble hidalgo dont les intarissables largesses, détournées de leur cours habituel, vinrent dégorger dans son coffre-fort (1).

Ce duel d'amour entre deux divinités de la rampe occupa tout un hiver la cour et la ville et transporta à son apogée la gloire de Bigottini doublement triomphatrice. Il semble qu'avec le succès son talent s'accrût sans cesse. Jamais elle ne fut plus applaudie, plus acclamée, plus admirée qu'à cette période de sa carrière qui en devait être presque la fin. Émilie, en effet, une fois attestée sa supériorité par sa fulgurante victoire sur Clotilde, ne connut plus dans son existence amoureuse de ces prouesses galantes. Le scandale n'était point du reste son fait, et pour le braver il lui avait fallu l'aiguillon bien féminin de battre à plate couture une double rivale, rivale de la scène et rivale du boudoir, assez imprudente pour avoir jadis nargué ses premières pointes.

A la ville, elle s'en tint dès lors aux amitiés durables, toujours celle de Duroc, coupée d'intermèdes lucratifs, fortifiée du reste par la venue de deux enfants. Aussi, le coup de canon qui coupa en deux, d'un seul boulet, le grand-maréchal, dans la plaine de Reichenbach, retentit-il douloureusement dans l'entourage de la danseuse. Ce fâcheux projectile tarissait à la fois ressources et joies semi-conjugales. Comme par un tragique contraste, fréquent dans la vie des gens de théâtre, c'est à peu de mois de là que Bigottini atteignit les sommets de son art et capta souverainement les suffrages des plus récalcitrants connaisseurs, dans le ballet de *Nina ou la folle par amour*, que son beau-frère, Milon, avait créé exprès pour elle, taillé sur son patron,

---

(1) Bigottini eut une fille que le prince Armand Pignatelli reconnut dès sa naissance, en lui donnant son nom : Armandine-Alphonsine Pignatelli naquit à Paris, 9, rue de Choiseul, le 10 avril 1807. Pignatelli demeurait alors 2, rue Cérutti (rue Laffitte actuelle); les témoins de l'acte de naissance de l'enfant furent son oncle Milon et le chirurgien Boué. Ce fut elle qui épousa le notaire Daloz.

et où son talent prit tout son essor (1). Elle avait prouvé qu'elle ne connaissait pas de rivales, elle montra qu'elle n'avait pas eu de modèles.

Aussi, en 1814, c'est elle qui seule fut jugée digne d'aller à Vienne danser devant le Congrès.

On l'applaudit encore dans Lina du ballet de *l'Enfant Prodigue* (2); dans Marton de l'*Epouse villageoise* (3); dans la comtesse du *Carnaval de Venise* (4); dans *Mirza* (5), dans *Eucharis* (6), puis elle fit le page dans les *Pages du duc de Vendôme* où le travesti lui seyait à ravir (7), Suzanne, dans le *Page inconstant*, et enfin, pour couronnement, *Cendrillon* (8) qui précéda de quelques mois à peine sa retraite.

C'est, en effet, dès le 18 décembre 1823, n'ayant pas encore atteint la quarantaine, qu'Émilie Bigottini renonça aux triomphes et aux enivrements des planches, « terminant

---

(1) La mort de Duroc à Mackersdorf (Saxe) remonte au 22 mai 1813 ; la 1re représentation de *Nina*, deux actes de Dalayrac et Persuis, adaptation de l'opéra de Dalayrac et Marsollier, est du 28 novembre suivant. Loiseau de Persuis était premier chef d'orchestre de l'Opéra et demeurait dans la maison de Bigottini et de Branchu, rue Neuve-Saint-Augustin.

(2) Trois actes de Pierre Gardel et Berton, 28 avril 1812.

(3) Deux actes de Milon, Desforges, Persuis et Grétry, 4 avril 1815.

(4) Deux actes de Milon, Persuis et R. Kreutzer, 22 février 1816. Elle était alors enceinte, de six mois, de son dernier enfant.

(5) Ballet en 3 actes de Maximilien Gardel, représenté le 18 novembre 1779.

(6) On la vit également dans la *Servante justifiée*, dans *Albert le Grand*, dans *Vénus et Adonis*, ballet de Gardel et F.-C. Lefebvre, où elle incarna Diane, 4 octobre 1808; dans les *Sauvages de la Mer du Sud*, un acte de Milon et Lefebvre, 26 novembre 1816; dans *Paul et Virginie*, ballet en 3 actes de Gardel et Kreutzer, 15 juin 1806; dans *Aladin ou la Lampe merveilleuse*, opéra-féerie en 5 actes d'Etienne, musique de Nicolo Isouard et Benincard, 6 février 1822. *Aladin* eut un immense succès à cause de la splendeur de la mise en scène tout à fait hors ligne; on illumina au gaz pour la première fois. D'un avis unanime, Bigottini fut déclarée admirable. Le *Courrier des Spectacles* du 1er nivôse an XIV (22 décembre 1805) publia un éloge enthousiaste de Bigottini pour son talent dans le ballet d'*Héro et Léandre*, un acte de Milon et de F.-C. Lefebvre, représenté le 31 décembre 1799 et resté au répertoire.

(7) Ballet d'Aumer et d'Adalbert Gyrovetz, 18 octobre 1820. Aumer était maître de ballets à l'Opéra.

(8) Ballet-féerie en 3 actes d'Etienne et Albert Decombes, musique du guitariste de Sor, 3 mars 1823.

sa brillante carrière dramatique par un tour de force, en jouant le rôle du page dans la *Jeunesse de Henri V* où le voisinage de Mlle Mars ne fit que rehausser son triomphe, en offrant au public « la réunion des deux talents les plus vrais et les plus purs qui aient jamais brillé sur la scène ». Elle fit ses adieux au public « dont elle était l'idole » encore dans tout l'éclat de sa beauté et de sa verve, en interprétant le rôle de Rosine dans le *Page inconstant*, ballet (1) où elle avait auparavant joué les rôles tout différents du page et de Suzanne, afin d'avoir l'occasion de faire valoir les faces multiples de son talent si souple et si varié. Cette alléchante représentation de retraite lui valut une recette de 25.000 fr., chiffre alors inouï dans les annales de l'Académie Royale de Musique, sans compter les bouquets et les couronnes prodigués lors de multiples rappels (2).

Déesse descendue de l'Olympe en carton où elle trônait parmi les nuages que peignait Boquet (3), pour se confiner dans la vie d'une riche bourgeoise, elle ne renonça point aussi entièrement aux guirlandes de Vénus qu'aux lauriers de Terpsichore. Des amitiés solides, quoique plus modestes, avaient succédé à celles de Duroc et de Fuentès. On a cité à ce propos beaucoup de noms, mais en pareille matière, la preuve est aussi difficile à faire que le bruit facile à lancer. On a parlé du duc de Berry, le soudard libertin qui se croyait, par ses mœurs libidineuses, le digne descendant du roi Vert-Galant. On a même prétendu que l'enfant qui naquit de la Bigottini, le 28 août 1816, François-Jean-Charles, était fils de ce prince de sang royal. La date de la naissance confirmerait assez ce cancan puisqu'elle coïncide, à peu près, avec le retour de Gand de ce « bour-

---

(1) Ballet en 3 actes de d'Auberval et Aumer, reproduisant les principales scènes du *Mariage de Figaro*.

(2) La pension de retraite dont elle jouit à compter du 1er janvier 1824 fut fixée à 2.672 francs 66 centimes. Elle y est dénommée Bigottini (de La Mateline) !

(3) Descendant de cette famille Boquet à laquelle appartenait Mme Filleul, née Boquet, dont nous avons naguère conté la dramatique histoire.

reau des cœurs », dévoré de la fringale d'amour que lui avait infligée, loin de Paris, la durée des Cent-Jours. Mais les prénoms donnés au baptême du nouvel héritier de Bigottini ne rappellent que d'assez loin ceux de Charles-Ferdinand d'Artois, et l'on sait qu'il était d'usage, en pareil cas, de donner les noms du père putatif à l'enfant issu de ses œuvres pour mieux asseoir la filiation. On jurerait plutôt les prénoms de quelque archiduc autrichien — et ils foisonnaient alors à Paris — ou de quelque haut seigneur allemand (1).

Bourbon ou Habsbourg, ce poupon était doué d'une robuste santé, car il parvint à l'âge de plus de quatre-vingt-cinq ans.

Il semble bien que ce fut le dernier exemplaire de la maternité de Bigottini. Si innombrables que soient les victimes ou les bénéficiaires de la concupiscence du duc de Berry, on peut admettre cependant que ce rejeton ne doit pas être porté à son actif. Le duc, déjà quadragénaire ou presque, vivait alors sous la domination d'une autre danseuse de l'Opéra, la fameuse Virginie (2) dont il avait un fils, à moins de supposer que Virginie eût rendu à Bigottini le méchant tour que celle-ci avait joué naguère à Clotilde et eût soufflé récemment à son aînée la faveur princière. On sait pourtant que c'est afin de contempler cette pimpante almée dans le pas qu'elle dansait à l'Opéra, le soir du 13 février 1820, quoique enceinte une seconde fois du duc de

---

(1) Nous inclinons d'autant plus à croire vraie cette supposition que dans le procès dont nous parlons plus loin, l'avocat d'une des parties assure que Charles Bigottini, beau et spirituel jeune homme, avait été, peu après sa majorité, « rechercher son père en Allemagne... ou en Italie ». Faudrait-il lire à Modène où régnait un archiduc de la maison d'Autriche qui portait à peu de chose près les prénoms de François-Jean-Charles?

(2) Virginie Oreille, née à Paris le 9 août 1795, fille du perruquier de la Comédie-Française, débuta fort jeune comme danseuse à l'Opéra et eut de suite la protection du maréchal Bessières, tué comme Duroc en 1813. Elle eut du duc de Berry, un fils, né le 4 mars 1815, et en outre un fils posthume, Ferdinand, né le 11 octobre 1820. Mariée à Touchard en 1843, elle mourut le 19 octobre 1875.

J'ai reçu ta lettre, ma bonne amie,
et de suite j'en ai fait part à M.
Mandet, il doit s'occuper de ce que
tu demandes, mais tu sais que pour
ce qui regarde les études, il faut
d'abord payer de sa personne, je pense
que ton Ferron n'a pas besoin de cette
recommandation.
D'après ta lettre je vois, ma chère amie,
que ta santé est toujours chancelante ?
je t'en livre autant voilà ce que c'est
que la jeunesse........
Je suis chargée par M. Pertuis (autre
patraque) de te remercier de ton bon
souvenir et de te dire bien des choses
Charles t'embrasse ainsi que moi ;
Nous nous plaignons de ne pas
recevoir des nouvelles de London,
d'un moment à l'autre j'attends
Eugénie qui doit venir chercher sous

LETTRE D'ÉMILIE BIGOTTINI

prière pour les vacances, quant à
Panista je ne crois pas qu'elle ait
l'intention de venir cette année, dont
je suis très fâchée.
Sans adieu, ma bonne et chère Caroline
je t'embrasse une seconde fois, et suis
ad vitam eternam ta sincère amie
         É Bigottini

p. S. que dis tu de mon latin ? hum
hum !!!

Madame Branchu   Madame
Vincent 77   d'Orléans

A CAROLINE BRANCHU

Berry, que ce royal paillard, rentrant dans la salle après avoir mis sa femme en voiture, courut au-devant du poignard de Louvel (1).

Quoi qu'il en soit, c'est entre ses chers enfants et pour se consacrer à leur éducation, que la virtuose du peton et du tutu devenue plus que millionnaire, vécut désormais loin des pompes théâtrales, mais non en recluse. Femme du monde et loin d'être sotte, ne fut-ce que par son frottement avec les adorateurs de choix qu'elle avait su grouper et retenir auprès d'elle, la Bigottini ouvrit un salon, salon de bon ton et très bien fréquenté, où se retrouvaient ses amis d'antan, rivaux d'un jour réconciliés sous l'éclat de ses yeux noirs. Sans avoir peut-être l'esprit de Sophie Arnould, ni même celui de la délaissée Clotilde, redoutée autant qu'appréciée par le mordant de ses caquets salés; sans être aussi spirituelle que l'est Gyp, on peut croire qu'Émilie ne fut pas « la fille » bête, belle et sotte que furent tant de ses congénères, puisque le charme de sa conversation suffisait à retenir ses visiteurs. Cela explique et justifie la fidélité que lui voua Duroc et l'attachement de maints autres dont le nom discrètement nous échappe.

Elle goûtait et comprenait les arts, elle s'intéressait à toutes leurs manifestations, et, sans vouloir jouer au Mécène, elle savait les encourager. C'est ainsi qu'elle acquit, au Salon de peinture de 1819, deux tableaux d'un jeune peintre, Truchot, que guettait une mort prématurée, représentant : l'un, *Un intérieur de Couvent*; l'autre, *Un cloître*. Le choix même du sujet ne dénote-t-il pas que l'aimable amateur recherchait plus volontiers pour son salon une œuvre sérieuse, et même grave, de préférence aux sujets légers du siècle passé ou même aux nus austères de l'école de David?

Femme de goût, d'esprit et de cœur, sa renommée là-dessus était des mieux établies puisque Stendhal, le difficile

---

(1) Bigottini dansait également ce soir-là à l'Opéra, où l'on jouait le *Carnaval de Venise*.

Stendhal, la choisit, concurremment avec Mlles Mars, Bourgoin et Leverd, pour lui offrir un des premiers exemplaires de son livre exquis : *De l'Amour*, la jugeant digne ainsi de goûter les finesses parfois alambiquées de cet ouvrage. Il est vrai que, toujours moqueur, Stendhal le lui dédia comme à l'une « des catins à la mode » et afin, remarquait le narquois auteur, de faire lire son livre par les « jeunes gens qui les ..... gratis ! (1) ».

C'est vers cette époque qu'Émilie Bigottini quitta le numéro 67 de la rue Richelieu et vint s'installer, du moins pendant les mois d'été, dans un curieux hôtel de style néo-grec, abri pour ses vieux jours, qu'elle avait fait édifier aux frais d'un généreux ami aux environs de Paris, à Passy, près du Ranelagh et du Bois, en ce temps futaie presque sauvage. Passy était alors un gai village, semant ses coquettes villas aux flancs et sur le sommet d'un coteau couvert de pampres et de vergers, au bord de la Seine. C'est au penchant de cette riante colline, dans le sentier des vignes (2), que s'élevait le temple de la moderne Terpsichore, confortable retraite, d'où n'étaient pas bannis les amours. En effet, si Balzac a chanté les irrésistibles séductions de la femme de trente ans, c'est qu'il n'a pas osé célébrer ceux de la femme de quarante ans, dont la maturité pleine de saveur a tout l'appât d'un beau fruit. Et Bigottini n'avait pas quarante ans lorsqu'elle vint s'enfermer dans cet ermitage cossu, du haut duquel on aperçoit la large coulée du fleuve et les verdoyantes forêts qui tapissent les hauteurs à l'horizon. C'est là qu'elle vécut en sage, entourée de vrais amis et, ce qui est plus rare peut-être, d'amitiés féminines précieuses,

---

(1) Lettre de Beyle-Stendhal au baron de Mareste, datée de Milan, 12 juin 1820. (*Correspondance de Stendhal*, publiée par Adolphe Paupe et Chéramy, tome II, p. 192. Voir aussi *le Censeur*, du 4 mai 1907.)

(2) Ce curieux édifice se trouvait au n° 12 du sentier, devenu rue des Vignes ; il porta ensuite le n° 69. Il a disparu en 1906 et sur son emplacement, passe une rue nouvelle, et, furent construites en 1907, deux lourdes et laides bâtisses à huit étages, de ces « gratte-ciel » qui encombrent maintenant Paris. (A. Doniol ; *Histoire du XVIe Arrondissement*, p. 50 et aussi 383.)

telles que celle qui la lia intimement à la belle et dolente poétesse Marceline Desbordes-Valmore, sa contemporaine et sa voisine de la rue de la Pompe (1) ainsi qu'à l'ancienne cantatrice de l'Opéra, Caroline Branchu, autrefois sa colocataire de la rue Saint-Augustin, veuve du danseur, une aimée de Napoléon, plus à cause de sa voix sonore et puissante de contralto qui dominait le fracas de l'orchestre que pour sa beauté quelque peu massive (2). En tous cas, Marceline n'eut point à faire entendre à la Bigottini la triste vérité qu'elle eut mission de faire sentir à Mlle Mars, comme aussi à Mlle Branchu, assavoir « qu'elle avait fait assez pour sa gloire » et qu'il vient un temps où si l'on aspire encore aux bravos, on ne doit pas chercher les *claques* (3). Bigottini avait spirituellement devancé l'heure de la vie privée. La compagnie de Mme Valmore, cette élégiaque prêtresse et victime de l'amour, fut d'autant plus chère à Bigottini qu'une égale douleur les unissait et elle l'entoura de soins touchants lors de la mort à Passy de sa fille de prédilection, Ondine, survenant si peu de temps après celle de sa plus jeune enfant, Inès (4).

Cette mort cruelle réveillait en effet chez la Bigottini le souvenir déchirant de sa propre fille, celle que reconnut le prince Pignatelli, celle dont elle avait dirigé l'éducation

---

(1) Desbordes (Marceline-Josèphe-Félicité), née à Douai en 1785, mariée en 1817 à l'acteur Lanchantin, dit Valmore, elle eut un fils, mort en 1892, chef de bureau au Ministère de l'Instruction publique, et deux filles, Ondine et Inès. Elle mourut à Paris, le 23 juillet 1859, un an après la Bigottini. Si Bigottini lui a confié la rédaction de ses *Mémoires* on peut croire qu'elle leur a fait subir, avec la même inconscience stupide, le « tripatouillage » qu'elle infligea aux *Souvenirs* de Mlle George.

(2) Branchu (Marie-Rose-Timoléone-Alexandrine-Caroline Chevalier de Lavit, femme), née à Saint-Domingue, 2 novembre 1780; mariée à Branchu en 1804; débute à l'Opéra en 1800; le quitte, 27 février 1826, est pensionnée en 1831, et meurt à Passy, le 14 octobre 1850. Elle avait été élève de Garat. Voir la lettre reproduite ici en fac-similé qui atteste l'intimité des relations de Branchu et de Bigottini.

(3) Sainte-Beuve : *Nouveaux Lundis*, XII, p. 146.

(4) Inès était morte à vingt ans, en 1846; Ondine mariée, en 1851, au futur conseiller d'Etat et ex-représentant Langlais, mourut à trente et un ans, rue de la Pompe, le 12 février 1853. Langlais mourut au Mexique, en 1866, ministre des finances de l'empereur Maximilien.

d'une façon « chrétienne et sévère », qui, parée de tous les dons et que chacun s'accordait à trouver charmante, fut mariée à un jeune notaire parisien, Alphonse Daloz, en octobre 1827 (1), atténuant ainsi pour Bigottini la mort de sa mère survenue la même année (2). La jeune femme, succomba prématurément et péniblement le 11 août 1833, après un voyage de six mois en Italie, et laissant deux enfants (3). A ce double deuil, la mort de sa mère et celle de sa fille, s'ajouta la mort de sa demi-sœur, la femme du maître de ballets Milon (4). Et ce qui l'accabla presqu'autant que la mort de sa fille, ce fut le lamentable procès intenté par son gendre Daloz, remarié, procès « si tristement célèbre pour lui, pour sa seconde épouse et pour le frère de sa première femme » (5), et où l'éloquence de l'avocat Chaix d'Est-

---

(1) Daloz (Alphonse-Jean-Baptiste), né à Paris, le 31 mars 1800, succéda comme notaire à Gilbert, 333, rue Saint-Honoré, le 28 février 1827; il céda sa charge le 17 février 1837. C'est aujourd'hui l'étude de M⁰ Bertrand-Taillet.

(2) Dominique (ou Dominiquette) Lacoste, née le 27 juin 1740, mourut le 15 mars 1827. C'était une « Madame Cardinal », avant la lettre.

(3) Un garçon, André-Emile, né le 29 octobre 1828, mort à Paris, le 19 septembre 1845, à 17 ans; une fille, Henriette-Marie-Caroline, née le 26 avril 1830, mariée à Charles-Lucien Rigaud, qui fut l'unique survivante des petits-enfants de la Bigottini.

(4) Marie-Catherine-Louise Bigottini, née à Rome en 1756, était fille d'un premier mariage de François Bigottini avec Florentine Frugnoni, et également artiste à l'Opéra. Mariée au danseur Pierre-François Pelletier, dit Nicotti, elle en fut abandonnée, et après cinq ans d'absence, divorça le 29 mars 1793. Le 20 avril suivant, elle se remaria avec Louis-Jacques Milon, natif de Gravanchon (Seine-Inférieure), un peu plus jeune qu'elle et qui lui survécut. Elle mourut à Paris, 31, rue des Martyrs, le 15 janvier 1831. (*Arch. Dép. Seine.*)

(5) Notice de A. Delaforest, dans le *Dictionnaire de la conversation*. Les lecteurs qui seraient désireux de connaître les détails de ce curieux et intéressant procès en trouveront le compte-rendu détaillé des débats dans la *Gazette des Tribunaux* des 15 et 22 janvier 1842, en première instance; dans les numéros des 5 et 6 juin 1842, en appel. Nous nous bornons à dire qu'il s'agit d'un procès en séparation de corps intenté par l'ex-notaire Daloz à sa seconde femme, Herminie Petiniaud, qu'il accusait d'adultère avec le propre frère de sa première femme, Charles Bigottini (celui qui était né en 1816), puis avec le Docteur Récamier. Le fameux avocat Léon Duval, plaida pour Daloz en première instance, et Dupin aîné en appel; Chaix d'Est-Ange plaida pour Mme Daloz-Petiniaud, devant les deux juridictions. Ce procès n'intéresse qu'accessoirement la Bigottini qui y fut pourtant quelque

Ange, prononça l'une de ses plus mordantes plaidoiries.

Après sa mère, sa sœur et sa fille, elle avait vu disparaître sa vieille amie Caroline Branchu, qu'elle assista à ses derniers moments, de même que Duroc, Pignatelli, Eugène de Beauharnais et tant d'autres de ses favoris, qui l'avaient depuis longtemps précédée dans la tombe.

Bravant les rides de l'âge, malgré les deuils successifs qui l'assombrirent, la jolie danseuse était restée séduisante. L'ancienne artiste de l'Opéra, devenue l'une des plus respectées et secourables châtelaines de la banlieue, demeurait la charmeresse aux yeux noirs toujours vifs, à la chevelure à peine chenue. Lorsqu'elle se promenait sur les pelouses du Ranelagh, avec sa taille élevée, toujours svelte, élégante et gracieuse, l'air noble, « distingué », l'aspect sérieux, la démarche souple et harmonieuse comme si elle rythmait ses allures à la façon d'autrefois, tous les regards la frôlaient d'un désir. Un vieil habitant de Passy, mort depuis quelques années, qui au temps de sa jeunesse avait maintes fois acclamé l'étoile, aimé la femme, ne tarissait pas sur ce chapitre : « Ah! si vous l'aviez vue, s'exclamait-il, vous en seriez devenu amoureux ». Elle avait alors plus de soixante ans et beaucoup de plus jeunes étaient assurément moins avenantes, moins appétissantes que cette étoile pâlie qui avait enjôlé des princes et des maréchaux, subjugué les peuples.

Partageant sa vie, auprès de ses enfants survivants, entre son agreste résidence de Passy et son entresol de la rue Richelieu, témoin de tant d'heures heureuses, où avait sonné si souvent l'heure du berger, consolée par la tendre affection des siens et celle de cette Marceline Valmore qu'en revanche

---

peu égratignée au passage par l'avocat de celle qui avait remplacé sa fille auprès de Daloz, mais elle y fut surtout impliquée à la suite du rôle joué par son jeune fils, rôle prouvé, avoué même par sa complice, la seconde épouse Daloz. La Bigottini avait reproché à son ex-gendre de s'être remarié à Herminie Petiniaud, dès le 5 février 1834, six mois après la mort de sa fille, Bigottini-Pignatelli. Charles Bigottini avait alors 25 ans, la seconde Mme Daloz, 27 ans, étant née à Limoges en 1814. Le tribunal condamna Mme Daloz et la Cour maintint son arrêt. L'ex-notaire Daloz mourut à Nice, le 17 février 1885; il eut un fils, Eugène, de son second mariage avec Julie-Henriette Petiniaud.

elle soulageait et secourait de toutes manières, la toujours belle Bigottini se confinait de plus en plus dans son opulent intérieur. Depuis la mort de sa mère, surintendante de sa maison, elle s'appliquait à son tour, toute millionnaire qu'elle fût, aux devoirs d'une bonne ménagère. Une lettre d'elle, écrite quelques mois avant sa mort, de son écriture menue et pointue, à peine tremblée, nous la montre minutieusement attentive aux soins de sa cave, tant elle entre dans de méticuleux détails à cet égard (1).

L'une des notables du gentil village de Passy, bienfaisante envers les pauvres, l'*Annuaire de Passy* la mentionne à ce double titre, l'année même de sa mort (2).

Ce ne fut pourtant point à Passy, mais bien dans son logis parisien que la mort la saisit, à 74 ans, à la veille du jour où elle se proposait de regagner sa champêtre demeure, le 28 avril 1858 (3).

Elle repose, depuis un demi-siècle, sur cette funèbre col-

(1) Cette lettre datée de juin 1857, à Passy, près Paris, adressée à un M. Clément, témoigne de l'extrême courtoisie de Bigottini, même envers les fournisseurs. Au sujet d'une commande de vin qu'elle attendait, elle s'y montre nullement avare, mais ordonnée, acceptant la majoration des prix, en raison de la maladie « qui règne depuis plusieurs années sur la vigne ».

(2) Alf. Lefeuve : *Annuaire administratif, industriel, statistique et commercial, de la commune de Passy*, contenant un aperçu historique et des notices biographiques pour 1858, pp. 109 et 110, où il est dit que « l'administration municipale et l'église ne frappent jamais en vain à sa porte pour soulager les misères ».

(3) L'acte de décès fut établi le même jour, mercredi 28, constatant qu'Emélie (au lieu d'Emilie) Bigottini, célibataire, propriétaire, est décédée ce jour à 1 heure du matin, en son domicile, 67, rue de Richelieu; sur la déclaration de Charles Rigaud, 33 ans, propriétaire, 22, rue de Londres, et de Léon Goiset, 43 ans, propriétaire, 8, rue Blanche, en présence de Philippe-Edouard-Ernest Foucher, adjoint au maire du IIe arrondissement. (*Archives Départementales de la Seine*; reconstitution de l'état civil, avant 1860.)

Bien que la parenté ne soit pas indiquée dans cet acte, nous savons que le premier témoin, Charles Rigaud, était petit-gendre de la défunte. En effet, la succession constate que les héritiers de la Bigottini sont François-Jean-Charles, et Mme Ch. Rigaud. Mme Charles-Lucien Rigaud était en effet née Henriette-Marie-Caroline Daloz, fille du 1er lit du notaire Daloz et de Mlle Pignatelli-Bigottini. Un troisième héritier était une dame Alexandre, née Elisabeth Pourquier, indiquée *cousine* de la défunte. Mme Rigaud mourut le 23 janvier 1882; son mari le 6 février 1889, ils avaient deux filles, Jeanne qui épousa M. L.; Marie-Louise, qui se maria le 15 juin 1882, à un secrétaire d'ambassade.

line du Père-Lachaise où dorment tant de créatures exquises mélangées à tant de vices et de laideurs. Une massive chapelle funéraire, « dernier témoignage de respect et d'amour filial », recouvre sa dépouille et celle de sa mère que vint rejoindre, après un long intervalle, son dernier fils, ce François-Jean-Charles, à qui l'on prêtait, peut-être gratuitement, une origine princière, et qui déjà quadragénaire, lors de la mort d'Émilie, n'expira à Passy, dans l'hôtel familial, dont il avait hérité, que le 19 février 1903 (1).

Modeste associé d'agent de change, ce fils, comme effrayé de sa grosse fortune, honteux de son origine et du souvenir aussi de son adultère avec Mme Daloz, écrasé du renom maternel, ne voulut jamais se marier et vécut obscurément, quoiqu'il eût pu, ne fût-ce que par sa richesse et son intelligence, aspirer à de plus hautes destinées, pour s'éteindre oublié, presque nonagénaire. En mourant, à titre d'expiation du passé, sans doute, il légua toute sa fortune, et elle était considérable (2), à l'Assistance Publique. Avec ces fonds, celle-ci acheta à Aulnay-sous-Bois, une maison de refuge pour les vieillards, l'Asile Bigottini, dont le nom se trouve ainsi perpétué par une fondation charitable (3).

N'est-ce point le cas de répéter, que ce qui vient de la flûte s'en retourne au tambour?

(1) Cette chapelle est située dans la 15e division, chemin Grammont, 1er rang; c'est une concession à perpétuité, n° 29149. — Surmontée d'une croix de pierre, une autre croix est découpée dans la porte de fer.

(2) Trois millions et demi.

(3) Cet asile inauguré en 1904, est situé sur le réseau du Nord, ligne de Soissons. Il reçoit 150 femmes âgées de plus de 60 ans et payant une modique rétribution. Les bâtiments sont ceux d'une institution ecclésiastique créée par l'abbé Dumont qui la vendit 250.000 francs à l'Assistance publique, laquelle désaffecta la chapelle, les fit agrandir d'une aile et de quelques constructions annexes. Elle est construite sur une enclave de la forêt de Bondy et entourée d'un parc aménagé dans ce qui reste de la forêt.

Chartres. — Imprimerie Ed. GARNIER, 10, rue Rabuan-du-Coudray.

www.ingramcontent.com/pod-product-compliance
Lightning Source LLC
Chambersburg PA
CBHW060643050426
42451CB00010B/1206